다섯 손가락과 함께, 즉흥 춤을

With Five Fingers, Improv Dance

정 은 경 저자
정 소 영 감수

DONGAKNUA

Pianist, Arranger, Opera Coach, Researcher of Ballet Music
The Researcher of Western Dance Music Lab.
DONGAKNUA Artist
VOL.1 <With Five Fingers, Improv Dance>

Eun Kyung Jeong, author of <With Five Fingers, Improv Dance>, is a pianist and music arranger who was born and raised in Busan. She grew up listening to various genres of music, such as classical, jazz, pop, and so on, after she first encountered music and piano as a child. Eun Kyung Jeong, is doing various genres of music research and activities, ranging from instrumental and vocal accompaniment based on classical piano, opera coach, and ballet music. Currently, she is an artist under Dongaknua as a researcher at the Western Dance and Music Laboratory(Wedmusiq), and a performance planner. She has a lot of experience in performance music.
In <With Five Fingers, Improvised Dance>, Eun Kyung Jeong wanted to include her own know-how in arranging songs, arrangement methods, and detailed explanations. Listening to the arranged sheet music and albums, I could see the traces of the author's effort and hard work while enduring the book. I hope this book, which is perfect for both performance and education, will help many people who study music and piano.

– Supervised by So Young Joung, composer

편 · 저자 정 은 경

Eun Kyung Jeong, 1989

피아니스트 · 편곡가
오페라 코치 · 발레음악 연구가
동아크누아 소속 아티스트
서양무용음악연구소 정연구원

〈다섯 손가락과 함께, 즉흥 춤을〉의 저자 정은경은 부산에서 태어나고 자란 피아니스트 겸 음악 편곡가입니다. 그녀는 어린 시절 음악과 피아노를 처음 접한 후 클래식, 재즈, 팝 등 다양한 음악의 장르를 들으며 성장했습니다. 정은경은 클래식 피아노를 바탕으로 한 기악 및 성악 반주, 오페라 코치, 그리고 발레음악에 이르기까지 다양한 장르의 음악연구와 활동을 하고 있습니다. 현재 동아크누아 소속 아티스트이자 서양무용음악연구소 정연구원 및 공연 기획가이기도 한 그녀는 특히 공연 음악에 많은 경력이 있습니다.

〈다섯 손가락과 함께, 즉흥 춤을〉에서 정은경은 선곡부터 편곡 방법 및 자세한 설명까지 그녀만의 편곡 노하우를 이 책에 담아내고자 했습니다. 편곡된 악보들과 앨범을 들으며 책을 감수하는 동안, 오랜 시간 많은 정성과 노력을 기울인 저자의 흔적들을 엿볼 수 있었습니다. 연주용 뿐 아니라 교육용으로도 손색이 없는 이 책이 음악과 피아노를 공부하는 많은 이들에게 도움이 되기를 바랍니다.

- 감수 정소영 작곡가 -

다섯 손가락과 함께, 즉흥 춤을

With Five Fingers, Improv Dance

시작하며 · HOW TO USE THIS BOOK?

안녕하세요. 〈다섯 손가락과 함께, 즉흥 춤을〉의 저자 정은경입니다. 이 책은 '누구나 다양한 레벨에서 쉽게 피아노를 연주하며 자유로운 음악을 만드는 법'을 배울 수 있도록 제작된 악보집입니다. 책에 수록된 음악들은 바로크 시대부터 현재까지 고전, 낭만, 팝, 동요, 뮤지컬 음악 등 다양한 장르의 음악들로 구성되며 책의 사용방법은 다음과 같습니다.

하나, 각 곡에 대한 제작 배경, 편곡 방법 및 연주법을 읽습니다.
두울, 음악을 상상하며 원곡을 연주합니다.
세엣, 편곡 악보를 연주하며 원곡과의 차이점을 알아봅니다.
네엣, 현재 연습하고 있는 다른 곡에 응용해 봅니다.

이렇게 4단계를 익힌 후 보다 다양하고 창의적인 방법들로 책을 활용하시면 됩니다. 수록된 악보들의 음악은 정규 1집 앨범 〈다섯 손가락과 함께, 즉흥 춤을〉으로도 발매되어 있습니다. 국내 · 외 스트리밍 사이트 및 유튜브(You Tube)에서 저자의 이름과 책 제목을 검색하시면 됩니다. 음반에 미포함된 음악은 채널 〈동아크누아〉와 〈정은경 피아노〉에서 감상하실 수 있습니다.

#정은경 정규 1집 앨범 #다섯 손가락과 함께 즉흥 춤을 #정은경 피아노

이 책에 관련된 문의 및 제휴 사항은 이메일 dkmusiq@naver.com 으로 보내주세요.
여러분의 질문과 의견을 성실히 반영하겠습니다.
저는 더욱 좋은 음악들과 악보로 여러분과 함께 하겠습니다. 감사합니다.

2022년 2월 2일 정은경
Eun kyung Jeong

마치 춤을 추듯 피아노 연주를
할 수 있다면 얼마나 좋을까?

목 차

언제나
몇 번이라도
Always with Me

애니메이션 〈센과 치히로의 행방불명〉의 OST로 많이 알려진 이 곡은 일본 가수이 자 작곡가인 기무라 유미(Youmi Kimura)의 음악입니다. 애니메이션을 통해 널리 알려진 곡이라 멜로디가 상당히 익숙하실 거예요. 편곡된 악보는 피아노 초보자분 들께서도 쉽게 연주하실 수 있도록 원곡보다 더욱더 심플한 리듬을 사용했습니다.

이 곡의 연주 방법은 왈츠 리듬을 살려 연주하는 것이 포인트(Point)입니다. 원곡 6/8 박자에서 3/4 박자로 편곡하였기에 페달을 한 마디 단위로 사용하면 3/4 박자 의 리듬이 잘 표현될 것입니다.

왼손 진행은 곡의 분위기를 차츰 이끌어주는 역할로 생각하며 레가토로 부드럽게 연 주해 곡의 분위기를 완성합니다.

언제나 몇 번이라도

기무라 유미 작곡
정은경 편곡

New 언제나 몇 번이라도

기무라 유미 작곡
정은경 편곡

성자의 행진
When the Saints Go Marching in

이 곡은 미국의 성가 작곡가 제임스 밀턴 블랙(James Milton Black, 1856-1938)이 작곡한 음악으로 재즈의 가장 초기 형태인 뉴올리언스 재즈의 대표적인 곡입니다. 아마도 다양한 버전으로 편곡된 곡들을 많이 들어보셨을 거예요. 원곡에서는 남성적이며 경쾌한 느낌이 주를 이룬다면 편곡된 악보에서는 조금 더 가벼운 느낌으로 표현해 보았습니다. 이 곡을 연주할 때는 왼손의 보사노바(Bossa Nova)의 특징적인 리듬을 잘 표현해 주고 템포(박자)가 흔들리지 않도록 연주해야 합니다.

재즈가 등장한 이후로 음악 장르는 더욱 다양해지고 변화하기 시작했어요. 그 선두에 있는 음악 장르 중 한 가지가 바로 새로운 성향이라는 뜻을 지닌 보사노바입니다. 심플하지만 독특한 리듬을 갖고 있는 보사노바는 남아메리카에 위치한 나라 브라질의 대중음악 장르예요. 이곳 브라질은 남아메리카에서 가장 큰 나라로 면적이 세계에서 다섯 번째로 넓고 인구도 세계에서 여섯 번째로(약 2억 1천만 명) 많은 나라예요. 수도는 '브라질리아'이며 최대 도시는 '상파울루'입니다. 1960년대에 브라질의 세계적인 작곡가 안토니오 카를로스 조빔 (Antônio Carlos Jobim, 1927-1994)과 연주자 주앙 지우베르투(João Gilberto, 1931-2019)가 발전시킨 보사노바는 삼바(Samba)에서 나온 음악 형식이지만 삼바보다 멜로디가 더욱더 감미롭고 타악기가 덜 강조되는 것이 특징입니다. 이 장르는 재즈에서 큰 영향을 받았는데 1960년대에 미국과 브라질에서 크게 유행했습니다.

대표적인 곡은 조빔(Jobim)의 〈The Girl from Ipanema, 1962〉와 〈So Danco Samba, 1962〉가 있습니다.

성자의 행진

제임스 밀턴 블랙 작곡
정은경 편곡

New 성자의 행진

제임스 밀턴 블랙 작곡
정은경 편곡

아라베스크
Arabesque

이 곡은 독일 작곡가 프리드리히 부르크뮐러(Friedrich Burgmüller, 1806-1874)의 작품입니다. 2/4 박자, Allegro scherzando(♩=152)로 비교적 빠른 느낌의 곡이며 피아노 연습용으로 많이 사용하고 있습니다. 편곡 버전에서는 이 곡을 마치 이야기가 담겨 있듯이 구성했습니다. 그리고 6세기경 페르시아에서 전해지는 천일동안의 이야기를 담은 〈아라비안 나이트: 천일야화, The Arabian Nights' Entertainment〉'와 1877년 러시아 상트 페테르 부르크 볼쇼이 극장에서 초연된 발레 작품 〈라 바야데르: La Bayadère, 1877〉'의 무희들을 생각하며 3/4 박자의 춤곡으로 편곡했습니다. 3박자 왈츠풍의 리듬으로 전체적인 박자를 잡아주고 붓점 리듬과 스타카토 느낌을 잘 지켜 무거워지지 않도록 유의하며 연주해보세요. 그리고 무희들의 아름다운 춤 동작을 상상하며 연주하는 것 또한 기억해 주세요.

'아라베스크'란 '아라비아 풍'이라는 뜻으로 아라비아 건축의 미술적 장식을 가리키는 용어입니다. 음악에서는 환상적인, 장식적인 성격을 가진 소곡의 표제로 사용되지요. 이 용어는 발레(Ballet)에서도 사용됩니다. 한 발로 서서 반대쪽 발을 뒤로 벌리고 두 팔은 두 발이 이룬 선에 조화시킨 자세를 말합니다. 많은 사람들이 발레에 있어서 가장 아름답고 기본적인 자세라고 합니다.

아라비안 반도는 아시아 대륙 남서부에 있는 큰 반도로 동쪽으로 페르시아 만과 오만만(灣), 서쪽은 홍해(紅海), 남쪽은 아라비아해(海)와 아덴만(灣)에 둘러싸여 있으며, 북쪽은 사막지대로 중앙아시아에서 아프리카의 사하라로 이어지는 대(大)사막지대의 중앙부를 차지합니다. 정치적으로는 중앙의 사우디아라비아, 북동쪽의 쿠웨이트, 남쪽의 예멘, 남동쪽의 오만, 동쪽의 아랍에미리트 ·바레인 ·카타르의 7개국으로 나누어져 있습니다.

아라베스크

프리드리히 부르크뮐러 작곡

Allegro scherzando

New 아라베스크

프리드리히 부르크뮐러 작곡
정은경 편곡

미뉴에트

Minuet

 우리에게 많이 알려진 독일 작곡가 요한 제바스티안 바흐(Johann Sebastian Bach, 1685-1750)의 〈미뉴에트 G장조〉는 바흐가 두 번째로 맞이한 아내 '안나 막달레나'를 위해 작곡한 즉흥곡 중 하나입니다. 이 곡에 가사를 붙여 편곡된 팝송 〈A Lover's Concerto〉는 한국 영화 〈접속〉의 OST로 사용되어 큰 인기를 얻었지요. 아이들부터 어른들까지 한 번쯤은 들어봤을 멜로디를 가진 익숙한 음악입니다.

원곡은 매우 기본적인 3/4 박자 왈츠의 춤곡이지만 이 책에서는 2/4 박자의 춤곡으로 편곡하여 조금은 더 정적인 느낌으로 표현했어요. 전 곡인 'Arabesque'와는 정반대의 경우죠. 왈츠가 아닌 만큼 전체적으로 절제된 느낌과 더불어 부드러운 느낌이 잘 표현될 수 있도록 연주합니다.

'스텝이 작은 춤'이란 의미를 가진 미뉴에트(Minuet)는 17~18세기에 유럽에서 유행했던 춤과 곡을 말합니다. 음악의 시작은 프랑스의 우아한 3박자의 춤곡으로 시작은 되었지만 점차적으로 춤이 없는 음악의 형태로 활용이 되었어요. 고전파 시대를 중심으로 베토벤 이전의 교향곡에서는 주로 마지막 악장 앞에 놓인 형식으로 사용되었답니다.

미뉴에트

요한 제바스티안 바흐 작곡

New 미뉴에트

요한 제바스티안 바흐 작곡
정은경 편곡

Andante ♩=76

뮈제트

Musette

이 곡은 J.S. 바흐가 작곡했으며 바이올린 초급용 연습 음악으로도 많이 사용됩니다. 중점으로 생각해야 할 곡의 특징은 절도 있는 2/4 박자와 스타카토입니다. 편곡된 곡에서는 이음줄(Slur)를 사용하여 부드럽고 우아한 느낌을 표현했습니다. 곡을 연주할 때는 변형된 3박자의 리듬을 살리는 것과 오른손 옥타브 위치 이동에 주의합니다. 마지막으로 깔끔한 페달링(Pedaling)이 요구되는 곡입니다.

뮈제트(Musette)는 원래 백파이프와 유사한 프랑스의 관악기 이름입니다. 이 악기로 연주된 목가풍의 춤곡이 사람들에게 관심을 얻어 19세기 후반 프랑스 파리에서 대중화되었습니다. 예부터 춤을 위한 음악은 연주를 위한 모음곡(Suite) 형태로 발전이 되었어요. 그중 대표적인 작품은 바흐의 프랑스 모음곡(French Suites, 1722)이 있답니다. 모두 6개의 곡으로 이루어져 있으며 각 곡은 6-8개의 악장으로 구성됩니다. 이 작품은 춤의 이미지를 고전적인 아름다움이 담긴 음악으로 바흐의 대표곡이기도 합니다. 고전 모음곡은 기본적으로 아래와 같은 순서의 형식을 갖고 있어요.

1. 프랑스에서 유행한 독일풍의 2박자 춤곡인 알르망드(Allemande) : Moderato (보통 빠르게)
2. 르네상스와 바로크 시대에 유행한 이탈리아풍의 쿠랑트(Courante) : Allegretto (조금 빠르게)
3. 우아하고 차분한 분위기 3박 리듬을 가진 스페인풍 사라반드(Sarabande) : Andante (느리게)
4. 고전 춤곡으로 마지막 악장에 사용 영국풍의 지그(Gigue)는 : Allegro Vivace (매우 빠르게)

위 4개의 춤곡 사이에 '미뉴에트(Minuet)', '리고동(Rigaudon)', '루레(Loure)', '가보트(Gavotte)', '뮈제트(Musette)' 등 다른 춤곡들이 삽입되기도 합니다.

뮈제트

요한 제바스티안 바흐 작곡

New 뮈제트

요한 제바스티안 바흐 작곡
정은경 편곡

< 여러분의 실력을 한층 up, 다섯 개의 레퍼토리 >

The Entertainer
She
Waltz of the flower
Nocturne
Salut D'amour

엔터테이너
The Entertainer

이 곡은 미국 작곡가 스콧 조플린(Scott Joplin, 1868-1917)이 작곡했습니다. 그의 대표적인 피아노곡 〈The Entertainer〉는 영화 〈스팅〉의 OST로 곡의 주를 이루는 경쾌한 멜로디는 듣는 이들로 하여금 저절로 리듬을 타게 만드는 곡입니다. 초기 재즈 음악의 형태인 랙타임(Rag Time)을 사용한 곡으로 원곡에서는 당김음과 옥타브 진행이 많아 정확한 음을 연주하기 위한 연습과 함께 테크닉 향상에 도움이 되는 곡입니다. 이 책에서 편곡된 악보는 멜로디 라인은 그대로 살리되 어려운 옥타브 진행을 단순화 시켜 누구나 연주가 가능하도록 쉽게 편곡했습니다. 손이 작거나 옥타브 진행이 어려워 힘들어 하셨던 분들도 충분히 연주할 수 있는 곡입니다. 우아한 왈츠 느낌의 곡으로 마지막 멜로디 반복에서 사용된 붓점 리듬은 스윙리듬으로 바꿔 연주해도 무방합니다.

21세기를 살아가는 우리가 생각하는 재즈(Jazz)는 즉흥 연주 형태이지만 1900년대 시작된 미국 재즈의 형태인 랙타임(Rag Time) 음악은 모두 악보로 제작이 되었답니다. 그래서 클래식 피아노를 배운 사람들은 누구나 연주를 할 수 있었지요. 그 덕분에 음악가들은 많은 양의 악보를 판매 할 수 있었고 그 도움으로 지속적인 음악가 활동을 할 수 있었다고 해요. 여기에는 단순히 '음표가 인쇄된 종이'를 판매하는 것이 아닌 '음악'을 판매한다는 의미, 즉 '저작권'이라는 개념도 함께 포함되어 있답니다.

엔터테이너

스콧 조플린 작곡

New엔터테이너

스콧 조플린 작곡
정은경 편곡

그녀
She

영화 〈노팅힐〉OST로 많이 알려진 이 음악은 영국의 싱어송라이터(Singer-Song-Writer) 엘비스 코스텔로(Elvis Costello, 1954-)의 노래로 유명합니다. 이 곡은 프랑스 가수이자 작곡가인 샤를 아즈나부르(Charles Aznavour, 1924-2018)와 영국의 저널리스트 겸 작사가인 허버트 크레츠머(Herbert Kretzmer, 1925-2020)가 공동으로 작곡한 곡입니다. 감미로운 멜로디가 매력적인 이 보컬곡은 1974년 아즈나부르가 싱글 앨범으로 발표했으며 허버트는 뮤지컬 '레미제라블(Les Misérables, 1985)의 작사가이기도 합니다.

결혼식에서 신부 입장 곡으로도 많이 사용되고 있을 정도로 우아함과 기품이 넘치는 이 곡을 스윙 리듬을 사용하여 경쾌하면서도 무게감 있는 우아함이 표현되도록 편곡했습니다. 주요 멜로디의 그대로 반복을 지양하고 후반부는 난이도 있는 테크닉을 사용하여 단순한 멜로디를 다양한 표현 방식으로 담아낸 것이 이 곡의 특징입니다.

이 곡에서는 발레클래스의 동작과 형식들을 첨가했습니다. 전주에 해당하는 프레파라씨용(Préparation)과 A 부분은 바뜨망 턴듀(Battement Tendu)를 비롯한 2박 계열 동작을 사용할 수 있으며, 크게 두 개로 구성되는 전체적인 형식은 롱드 잠아 떼르(Rond de Jambe à Terre)에서 가져왔습니다. 6/8박자의 B 부분은 피아노 솔로 연주로도 가능할 만큼 풍부한 텐션(Tension)과 테크닉을 지니고 있습니다.

She

샤를 아즈나부르&허버트 크레츠머 작곡
정은경 편곡

New She

샤를 아즈나부르&허버트 크레츠머 작곡
정은경 편곡

꽃의 왈츠
Waltz of the Flower

이 곡은 매년 크리스마스 시즌마다 전 세계 발레단에서 공연되는 표트르 일리치 차이코프스키(P. I. Tchaikovsky, 1840-1893)의 작품 〈호두까기 인형〉에 수록된 음악입니다. 원곡은 마치 형형색색의 아름다운 꽃들을 표현하듯 화려한 오케스트라 연주와 발레가 멋진 장관을 이루는 곡으로 많은 이들에게 사랑을 받고 있는 곡입니다. 편곡된 악보는 두 부분으로 나누어 3박과 2박의 분위기를 전혀 다르게 표현했습니다. 3박의 첫 부분은 부드러운 왈츠를 연상시키듯 가볍게 시작되고 2박의 중반부는 왼손의 절제된 틀 안에 붓점, 당김음, 그리고 선행음을 사용해 자유롭게 움직이는 오른손을 표현했습니다. 안무를 생각한다면 두 파트의 역할이 확실하게 나누어져 있어 음악과 어울리는 멋진 무대가 연출될 듯해요. 마지막은 첫 부분을 상기하며 곡을 맺습니다.

꽃의 왈츠

표트로 일리치 차이코프스키 작곡
정은경 편곡

다섯 손가락과 함께, 즉흥 춤을

New 꽃의 왈츠

표트로 일리치 차이코프스키 작곡
정은경 편곡

녹턴
Nocturne op.9 no.2

이 곡은 '피아노의 시인'이라는 찬사를 받는 프레데릭 프랑수아 쇼팽(Frédéric François Chopin, 1810-1849)의 작품입니다. 녹턴(프랑스어: Nocturne, 라틴어: Nocturnus)의 명칭은 18세기 경 저녁 파티에 주로 연주하던 곡을 말하며 19세기에는 피아노 독주용 음악으로 발전하였지요. 쇼팽은 1827년에서 1846년까지 '녹턴'의 제목으로 약 21개의 많은 곡을 작곡했습니다. 작품번호 9는 그의 첫 녹턴 작품으로 총 3곡으로 구성되어 있습니다. 이 중 1832년에 출판된 두 번째 곡은 세상의 모든 녹턴을 대표할 만큼 유명한 음악이 되었습니다. 템포 루바토(Tempo Rubato)와 화려한 기교들이 많이 사용되는 곡, 밤의 고상함과 낭만이 담긴 이 곡을 책 〈다섯 손가락과 함께, 즉흥 춤을〉에서는 모던한 뉘앙스의 리듬을 사용하여 심플한 느낌을 담아냈습니다. 지속적으로 변하는 템포(박자)와 리듬 변화에 주의하면 훨씬 효과적인 연주 효과를 얻으실 수 있답니다.

쇼팽의 피아노 음악들은 악기의 아름다움을 극대화 시켰습니다. 프랑스풍의 세련된 귀족주의적 기품과 폴란드풍의 서민적 리듬감, 그리고 음악과 예술의 애착들을 음악으로 승화시켰습니다. 대표작으로는 폴란드의 민속 무곡인 폴로네이즈(Polonaise), 마주르카(Mazurka), 그리고 왈츠 등 19세기 후반 민족주의 낭만파와 춤으로 표현된 음악들이 많습니다.

녹 턴

프레데릭 프랑수아 쇼팽 작곡

New 녹턴

프레데릭 프랑수아 쇼팽 작곡
정은경 편곡

사랑의 인사
Salut D'amour

이 곡은 에드워드 엘가(Edward Elgar, 1857-1934)가 작곡한 곡으로 특별한 사랑 이야기를 배경으로 탄생한 곡입니다. 신분과 학력, 경제적인 콤플렉스까지 가진 엘가에게 피아노 레슨을 받으러 온 캐롤라인 앨리스 로버츠(Caroline Alice Roberts, 1848-1920). 두 사람은 사랑에 빠져 미래를 약속했습니다. 명문가의 딸이자 엘리트 시인이었던 캐롤라인은 엘가가 가진 능력과 가능성에 확신을 가지고 그를 위해 헌신하였답니다. 그녀의 헌신과 조력 덕분에 자신감을 회복한 엘가는 작곡가로서 제2의 인생을 살게 되었어요. 하지만 두 사람의 만남을 반대하는 캐롤라인의 아버지 때문에 1888년 7월 두 사람은 둘만의 약혼식을 갖게 됩니다. 이 때 엘가가 캐롤라인을 위해 작곡한 곡이 〈사랑의 인사〉입니다. 아내를 사랑하는 마음이 담긴 이 곡은 훗날 엘가의 작품 중 가장 널리 알려진 작품이 되었습니다.

원곡인 바이올린과 피아노를 위한 2중주 버전은 2/4 박자와 함께 당김음을 사용해 긴장감을 유도하며 시작합니다. 멜로디는 마장조(E Major) 특유의 우아하고 소박한 선율이 듣는 이를 기분 좋게 해주며 단조로운 리듬을 사용한 다단조(C minor)의 짧은 전개부가 끝나면 다시 원래조(Original Key)로 전조되는데 이때 극적으로 긴장이 고조되고 이내 차분한 멜로디와 리듬으로 따뜻한 분위기를 되찾으며 곡은 마무리 됩니다.

편곡된 음악은 총 3가지 버전입니다. 난이도에 따라 조성과 박자를 정했으며 연주하는 동안 음악을 단순화한 과정, 그리고 점차적으로 발전된 형태로 편곡하는 방법을 함께 공부하실 수 있습니다. 특히 버전 3은 6/8 박자로 호흡을 늘린 후 16분 음표를 사용해 원곡의 우아함을 한층 더 높였습니다. 피아노 솔로 연주곡 또는 콩쿠르에도 사용될 수 있을 만큼 자연스러운 진행에 초점을 맞췄으며 박자 및 왼손 음형을 다양한 형태로 편곡했습니다. 각 부분마다의 분위기를 확실하게 정하고 연습한다면 솔로 음악의 효과를 크게 누릴 수 있는 곡입니다.

사랑의 인사

에드워드 엘가 작곡
정은경 편곡

Moderato

New 사랑의 인사 1

에드워드 엘가 작곡
정은경 편곡

New 사랑의 인사 2

에드워드 엘가 작곡
정은경 편곡

New 사랑의 인사 3

에드워드 엘가 작곡
정은경 편곡

학교종
The School Bell

이 곡은 1948년 한국 근대 여성 작곡가 김메리(1906-2005)가 작곡한 음악입니다. 이화여자대학교 음악대학교수이던 작곡자의 유일한 동요 작품으로 현재까지도 초등학교 음악 교과서에 수록되어 있습니다. 비교적 단순한 멜로디와 가사, 그리고 교육적인 가치 측면에서 한국인들에게 많은 사랑을 받고 있습니다.

〈가사〉

1. 학교종이 땡땡땡 어서 모이자
   선생님이 우리를 기다리신다.
2. 학교종이 땡땡땡 어서 모이자
   사이좋게 오늘도 공부 잘하자.

이 곡의 편곡 버전은 주요 3화음(I, IV, V)을 사용한 단순한 화성을 다양한 화성을 사용해 리하모니제이션(Re-Harmonization)을 했습니다. 증화음(Augment)과 부속화음(Secondary Dominant)을 넣었으며 쉬운 연주를 위해 왼손은 기본 아르페지오 음형으로 편곡했습니다. 화성의 변화를 느끼며 연주하면 보다 풍성하고 행복한 느낌의 〈학교종〉 음악을 연출하실 수 있답니다.

학교종

김메리 작곡
정은경 편곡

나비야
The Butterfly

 이 곡은 우리에게 잘 알려진 동요로 독일 작센주 드레스덴의 교사인 프란츠 비데만 (Franz Wiedemann, 1821년~1882년)이 작곡했습니다. 첫 번째 편곡 버전에서는 이 책에서 나온 동요 〈학교종〉의 왼손 반주를 따라가되 오른손에서 텐션(Tension) 의 사용과 반음계 화음의 사용을 추가했습니다. 두 번째 편곡 버전은 전주와 16분 음표 음가를 사용해 보다 완성도 높은 음악으로 제작되었습니다.

 왼손 상행할 때 크레센도(Crescendo, 점점 크게)를 하면 상승하는 듯한 효과를 가 질 수 있습니다.

New 나비야 1

프란츠 비데만 작곡
정은경 편곡

New 나비야 2

프란츠 비데만 작곡
정은경 편곡

너 예수께
조용히 나가
Go Carry thy Burden to Jesus

책 〈다섯 손가락과 함께, 즉흥 춤을〉의 유일한 찬송가인 이 곡은 아일랜드
출생의 미국 작곡가 '윌리엄 J. 커크패트릭(William James Kirkpatrick,
1838-1921)'의 작품입니다. 편곡된 악보에서는 테너 성부의 '라인 클리쉐
(Line Cliché)'와 증화음(또는 b13)의 사용이 돋보이도록 편곡했습니다.

New 너 예수께 조용히 나가

월리엄 J. 커크패트릭 작곡
정은경 편곡

나는 대리석 궁전에서
꿈을 꾸었네
I Dreamt I Dwelt in Marble Halls

이 곡은 아일랜드 작곡가 마이클 윌리엄 발페(Michael William Balfe, 1808-1870)의 대표적인 곡으로 오페라 '보헤미안 소녀(The Bohemian Girl, 1843)에 수록된 아리아입니다. 영국의 전통적 민요풍을 담은 이 음악은 세계적인 소프라노 조수미가 불러 우리에게 잘 알려졌으며 더불어 작곡가와 같은 아일랜드 출신의 뉴에이지 음악가 엔야(Enya, 1961-)가 리메이크 음악을 발표해 더 큰 인기를 얻었습니다. 현재는 아일랜드를 대표하는 음악이 되었습니다.

오페라 '보헤미안 소녀'는 스페인의 문호 미겔 데 세르반테스(Miguel de Cervantes: 1547-1616)가 1613년 발표한 단편소설집 Novelas Ejemplares(모범 소설집)에 들어 있는 La Gitanilla(집시소녀, The Little Gypsy Girl)를 바탕으로 제작되었습니다. 세르반테스의 작품은 오페라와 발레에 많은 영감을 주었습니다. 대표적인 발레작품으로는 '돈키호테(Don Quixote, 1869)'가 있습니다. 이 작품은 러시아 황실 발레단 소속 작곡가 '루드비히 민쿠스(Ludwig Minkus, 1826-1917)'의 음악과 발레단 예술감독 겸 안무가인 '마리우스 프티파(Marius Petipa, 1818-1910)'의 협업으로 탄생한 고전발레입니다.

편곡된 악보는 두 가지 버전이 있습니다. 첫 번째는 발레클래스의 시작을 알리는 '레베랑스(Révérence)' 형식으로 두 번째는 왼손 스트라이드(Stride) 주법과 오른손 스윙 리듬으로 결합해 연주하기 쉬운 재즈 스타일(Jazz Style)로 편곡했습니다.

New 나는 대리석 궁전에서 꿈을 꾸었네 1

마이클 윌리엄 발페 작곡
정은경 편곡

New 나는 대리석 궁전에서 꿈을 꾸었네 2

마이클 윌리엄 발페 작곡
정은경 편곡

피아니스트에게
즉흥 연주란

What about Improv for Pianists

정은경 · 정소영

클래식 악보를 보며 피아노를 배운 연주자에게
악보 없이 연주하는 편곡이란 하나의 큰 도전일 수 있습니다.
주어진 음의 재료나 동작을 보며 즉흥연주를 하는 것도
감각 그 이상을 떠나 많은 연습 과정이 필요할지도 모릅니다.

누군가는 즉흥 연주란 하늘에서 별이 떨어지듯
갑자기 떠오르는 영감대로 연주하는 것이라 하고
또 누군가는 많은 데이터들을 잘 쌓아 놓으면
어느 순간 모든 것들이 조합 되어 마치 인공지능(AI)처럼
연주하게 되는 것이라고 이야기 하곤 합니다.

누구의 말이 맞는지는 중요하지 않습니다.
단지, 스스로 의지를 갖고 기존의 것들을 일정한 틀 안에서 움직여 보며
더 나은 화음들과 함께 연주하고 싶다는 생각을 하는 그 순간,
이미 여러분의 즉흥 연주는 시작되었을 테니까요.

다음은 필자가 경험한 [편곡 및 즉흥 연주를 위한 7가지 방법들] 입니다.

1. 멜로디 변형 (Melody Fake)

2. 화음 변형 (Re-harmonization)

3. 리듬 변형 (Rhythm Change)

4. 화음의 양손 배치 (Chord Voicing)

5. 텐션의 사용 (Use of Tension)

6. 다양한 음악장르들 (Wide Variety of Musical Genres)

7. 자신만의 음악적 색깔 더하기 (Add Your Own Musical Color)

위 7가지 방법들과 함께

내 안에 쌓여진 수많은 클래식 음악 레퍼토리들이

함께 더해진다면 어느 순간

〈다섯 손가락과 함께, 즉흥 춤을〉 멋지게 추고 있는 나를 발견하실 거예요.

Let's Meet <Dongaknua>
on YouTube

Let's Meet <WEDMUSIQ>
on YouTube

다섯 손가락과 함께, 즉흥 춤을
With Five Fingers, Improv Dance

초판 1쇄 인쇄 2022년 03월 10일
초판 1쇄 발행 2022년 04월 01일

편저자 정은경
감수자 정소영

발행인 정소영
편집인 편집부
발행처 예술도서출판 동아크누아
출판등록 2017년 4월 28일 (제 979-11호)
주소 강원도 원주시 세계로1 가든식스 6층 1호
전화 033-766-5010 팩스 02-6442-2901
홈페이지 www.dongaknuamusic.com

ⓒ 정은경 2022
ISBN 979-11-960905-6-2
정가 20,000원